Wie jede lebenslustige Hexe weiß, können wir alle eine Extra-Portion Glück und Leidenschaft in unserem hektischen Leben gebrauchen. Und wenn uns Wichtigtuer oder übellaunige Chefs auf die Nerven gehen, müssen auch nette Mädchen hin und wieder einen Zauber anwenden. Denn – so Deborah Gray – wenn wir unsere Seelen für magische Kräfte öffnen, können all unsere Wünsche in Erfüllung gehen, sei es in Sachen Liebe, Sex, Geld, Erfolg oder Anziehungskraft auf das andere Geschlecht. In kürzester Zeit kehrt das Selbstbewusstsein zurück, nette und nicht so nette Mädchen werden aufhören, sich über alte Sorgen den Kopf zu zerbrechen, und stattdessen vor positiver Energie nur so sprühen. Bist du bereit, der Welt auf magische Weise zu begegnen? Dann probiere diese Hexensprüche aus, und du wirst feststellen: Magie gibt es wirklich, und Träume können wahr werden!

Deborah Gray, die »gute Hexe« Australiens, wurde in eine lange Tradition keltischer Magie und Mystik hineingeboren. Bereits als Teenager wurde sie in einen alten Druidenzirkel aufgenommen. Sie ist eine erfolgreiche Jazz-Sängerin und Verfasserin einer wöchentlichen Zauberkolumne für die Zeitschrift ›New Idea‹. Zusammen mit Athena Starwoman schrieb sie den Bestseller ›Wie du deinen Ex-Prinzen in eine Kröte verwandelst und andere Hexensprüche für böse Mädchen‹ (<u>dtv</u> 20014).

Deborah Gray

Hexensprüche
für nette Mädchen

Aus dem Englischen von
Bettina Lemke

Mit Illustrationen von Sue Ninham

Deutscher Taschenbuch Verlag

Von Deborah Gray ist zusammen mit Athena Starwoman im Deutschen Taschenbuch Verlag erschienen:
Wie du deinen Ex-Prinzen in eine Kröte verwandelst und andere Hexensprüche für böse Mädchen (20014)

Achtung: Die Zaubersprüche in diesem Buch dienen ausschließlich der Unterhaltung.

Deutsche Erstausgabe
März 2001
4. Auflage Februar 2002
Deutscher Taschenbuch Verlag GmbH & Co. KG, München
www.dtv.de
© 1998, 1999 Deborah Gray
Der Band erschien erstmals 1998 unter dem Titel ›The Mini Book of Spells‹ bei HarperCollins Publishers Pty Limited, Sydney, Australien, als überarbeitete Ausgabe 1999 ebendort unter dem Titel ›Nice Girl's Book of Naughty Spells‹.
ISBN 0-7322-6475-8
© der deutschsprachigen Ausgabe:
2001 Deutscher Taschenbuch Verlag GmbH & Co. KG, München
Das Werk ist urheberrechtlich geschützt.
Sämtliche, auch auszugsweise Verwertungen bleiben vorbehalten.
Umschlagkonzept: Balk & Brumshagen
Umschlagfoto: © gettyone Stone/Uwe Krejci
Satz: Design-Typo-Print GmbH, Ismaning
Gesetzt aus der Optima und Bauer Bodoni
Druck und Bindung: Druckerei C. H. Beck, Nördlingen
Gedruckt auf säurefreiem, chlorfrei gebleichtem Papier
Printed in Germany · ISBN 3-423-20406-0

Inhalt

Magie gibt es wirklich, und Wünsche können in Erfüllung gehen!

Einen Zauber anzuwenden ist ein wunderschönes und inspirierendes Ritual, das uns mit der unendlichen Kraft in uns selbst und der Welt verbindet. Ich glaube fest daran, dass unser Leben voller Wunder und Reichtum sein kann, wenn wir unsere Seele für das verzauberte Universum, das uns umgibt, öffnen.

Wie jede lebenslustige Hexe weiß, könnten wir alle eine Extra-Portion Leidenschaft und Wohlstand in unserem hektischen Leben gebrauchen. Bei der Kraft der Göttin und der Magie geht es nicht nur um hübsche Engel und Feenflügel. Ebenso wie wir die universelle Kraft von Mutter Natur nutzen können, können wir uns auch mit der starken, beschützenden und energischen »kriegerischen Königin« verbinden oder mit der weichen und umsorgenden »guten Fee«. Ja, und manchmal brauchen sogar gute Mädchen ein bisschen »Zauberei bei Stress«, um den gelegentlich auftauchenden Wichtigtuer oder den Froschprinzen abzuwehren.

Natürlich soll niemand wirklich zu Schaden kommen oder verletzt werden. Es geht allein darum, dein Selbstvertrauen zu stärken, dich für die Liebe und den Erfolg zu öffnen und allen Groll und jegliche Bitterkeit völlig loszulassen. Die Resultate sind absolut erstaunlich! Du wirst in kürzester Zeit wieder keck und selbstbewusst sein, aufhören, dir über alte Sorgen den Kopf zu zerbrechen, und vor positiver, neu gewonnener Energie nur so sprühen, bereit, der Welt auf magische Weise zu begegnen!

»MIT DEM WINK EINES ZAUBERSTABS,
EINER PRISE VON DUFTENDEM GEWÜRZ
UND BLUMEN
HEBT SICH DIE STIMMUNG,
UND ES WERDEN TRÄUME WAHR.
DIE MAGISCHE STUNDE IST DA.«
Deborah Gray

Liebes-
zauber

Die Macht der
Leidenschaft

Ich bin
ein
Liebesplanet

Das Komische bei der Magie ist, dass andere Menschen sich von dir und deiner Welt umso stärker angezogen fühlen, je mehr du dich auf dein eigenes »Universum« konzentrierst. Dieser Zauberspruch ist eine tolle Vorbereitung dafür, geliebten Menschen zu helfen, wieder auf deine Umlaufbahn zu geraten.

Zünde in einem ruhigen Moment ein Räucherstäbchen mit Vanilleduft an und schließe ein paar Minuten lang deine Augen. Atme dabei ruhig durch

und befreie dich
von allen beunruhi-
genden Gedanken
und Wünschen.
Sprich dann diese
magischen Worte:

»Ich bin zufrieden
in meinem eigenen
Universum,
ich lasse Liebe und
Freundschaft entste-
hen und schenke sie
anderen,
ich werde wachsen
und lernen, mein
inneres Selbst zu
kennen.«

Einen Seelenpartner anlocken

Für diesen Hexenspruch benötigst du die folgenden Zutaten:

Saubere weiße Kleidung

Ein Räucherstäbchen mit Sandelholzduft

Eine rote Kerze

Die beste Zeit für diesen Hexenspruch ist eine Vollmondnacht.

Ja, ich weiß. Wir sind alle versucht, uns einen »großen, dunklen, gut aussehenden« Partner oder einen »umwerfenden, sexy« Typ zu wünschen, aber ts, ts! Ist es nicht wichtiger, darüber nach-zudenken, welcher Persönlichkeitstyp und welche Wesensart dein Leben wirklich erfüllen und ergänzen würden? Nun, wenn du eine Weile darüber nachgedacht hast, gehe unter die Dusche und ziehe dir dann ein paar saubere weiße Sachen an. Zünde als nächstes das Räucherstäbchen

und die Kerze an
und setze dich ruhig
daneben, während
du deinen Körper
entspannst und dei-
nen Geist auf den
Persönlichkeitstyp
konzentrierst, den
du gerne anlocken
würdest. Sprich nun
die folgenden Worte:

»Im Geiste
von Avalon,
durch die Weisheit
von Merlin
öffne ich meinen
Geist und mein
Herz, um wahre
Liebe zu empfangen.«

Bring meinen Liebsten zu mir zurück

Für diesen Hexenspruch benötigst du die folgenden Zutaten:

Orangenöl

Ein Foto oder eine Zeichnung deines Ex-Freundes

Einen Spiegel

Zünde an einem Freitagabend um acht Uhr eine Duftkerze mit Orangenöl an. Halte das Bild deines Ex-Freundes in der Hand und konzentriere dich auf die Vorstellung, dass ihr beide wieder zusammen seid. Sei zuversichtlich und fröhlich, während du diesen magischen Vierzeiler sprichst:

»Deine Augen wiederzusehen, mein Liebster, mein eigenes Spiegelbild in ihnen zu betrachten, Seite an Seite mit dir zu gehen, das ist mein Wunsch. Möge meine Bitte erhört werden.«

Besiegle die Kraft des Zauberspruchs, indem du das Foto oder die Zeichnung

deines Ex-Freundes
mit der Vorderseite
nach unten an
deinen Schlaf-
zimmerspiegel klebst.
Schicke deinem Ex
jedes Mal, wenn du
daran vorbeikommst,
einen liebevollen
Gedanken.

Würze
für dein
Liebesleben

Hast du dich schon einmal gefragt, warum die Spice Girls, die »würzigen Mädels«, die Welt so wirkungsvoll mit ihren sexy Bewegungen und ihrer Musik verführen konnten? Nun, Gewürze können dabei helfen, einen mächtigen Zauber zu bewirken, und egal ob du blond, brünett oder rothaarig bist, ihre Schwingungen werden dich heißer aussehen lassen und deine Liebeskraft pfeffern. Wähle das richtige Gewürz für dich und streue es dann im Uhrzeigersinn rings um dich in einem Kreis aus.

Dabei sprichst du die folgenden Worte:

»Magischer Zauber von Kraut und Gewürz, hilf, dass mein Liebster nun schnell wird bezirzt!«

WENN DU BLOND BIST, wähle Zimt für eine Extra-Portion Charisma.

WENN DU BRAUNES HAAR HAST, verwende Muskatnuss als dein Gewürz. Dann wird dir garantiert ein wohlhabender Liebhaber über den Weg laufen.

EBENHOLZ-
FARBENES HAAR
wird durch die aro-
matische Kraft des
Basilikums einen
leuchtenden Glanz
entwickeln.

DIE FRECHE
ROTHAARIGE
kann nichts verkehrt
machen, wenn sie
ihr Glück durch
einen Zauber mit
Ingwer anfeuert –
oder, wenn sie es
wagt, mit einer Prise
Paprika.

Komm zu mir

Wenn du dich fragst, ob du wohl jemals eine heiße Verabredung mit »du weißt schon wem« haben wirst, hast du nun die Gelegenheit, all die richtigen »Komm-Hierher-Signale« auszusenden.

Für diesen Hexenspruch benötigst du die folgenden Zutaten:

Eine schlanke rosafarbene Kerze

Einen sauberen Zimmerernagel

Jasminöl

Den grünen Dorn einer roten Rose

Ritze die Initialen deines Zukünftigen mit dem Nagel in eine Seite der Kerze ein und benetze sie dann mit dem Zeigefinger von oben bis unten mit etwas Jasminöl. Stelle die Kerze in die Nähe eines Fensters, so dass das Mondlicht sie bescheinen kann. Zünde die Kerze nun an und betrachte sie, bis sie ganz

heruntergebrannt ist.
Wenn das Wachs
abgekühlt ist, presse
etwas Saft aus dem
Dorn der Rose dar-
über aus und sprich
dabei die folgenden
Worte:

»Wohin du auch
gehst,
dein Herz weiß
es wohl,
von der Rose
komm ich
und bin die eine
für dich.«

Ja,
ich will,
ich will!

**Für diesen
Hexenspruch
benötigst du
die folgenden
Zutaten:**

*Ein rosafarbenes
Band*

Rosa Lippenstift

Du hast den Richtigen gefunden, aber er lässt sich etwas Zeit mit dem Heiratsantrag. Wende diesen Hexenspruch am Freitag, dem Tag der Venus an, dann

wirst du dir den Diamantring schon in allerkürzester Zeit aussuchen!

Nimm ein luxuriöses Bad oder dusche ausgiebig. Wenn du dich trockengetupft hast, stelle dich im Himmelskleid (das ist der Hexenbegriff für »nackt«) vor den Badezimmerspiegel und wickle ein langes rosafarbenes Band um deine Taille. Schreibe den Namen deines Freundes mit dem rosa Lippenstift an den Spiegel. Halte das lose Ende des Bandes dann in deinen Händen und stell dir vor, dass du deinen Geliebten zu dir heranziehst, während du diese Worte sprichst:

»Band der Liebe, bringe ihn zu mir, Band der Liebe, binde ihn an mich.«

Zum Schluss nimmst du das Band ab und bewahrst es in einer Schublade deiner Schlafzimmerkommode auf.

Verführerische Leckerei

Für diesen Hexenspruch benötigst du die folgenden Zutaten:

Rote Blumen

Zwei rote Kerzen

Gardenienöl

Schokoladeneis

Dunkle Schokoflocken

Das Fruchtfleisch einer Passionsfrucht

Pfefferminzlikör

Eine der süßesten Arten, dein Sexleben anzuheizen, ist ein erotisches Bankett, das aus »unschuldigen Nachspeisen« zusammengestellt ist. Als Ergänzung zu deinen liebsten aphrodisierenden Speisen könntest du dieses Rezept für die Leidenschaft mit aufnehmen.

Decke den Tisch mit roten Blumen und zwei roten Kerzen, die du zuvor mit etwas Gardenienöl benetzt hast. In einer gekühlten Schüssel mischst du etwas Schokoladeneis mit dunklen Schokoflocken und dem Fruchtfleisch einer Passionsfrucht. Während du ein paar Tropfen Pfeffer-

minzlikör dazugibst,
sprichst du diese
magischen Worte:

»Bei der Liebkosung
des Adonis und der
goldenen Aphrodite,
es erwache die
Leidenschaft des
Verlangens.«

Dich
will
ich

**Für diesen
Hexenspruch
benötigst du
die folgenden
Zutaten:**

Zwei Zimtstangen

*Je ein Stück
violetten Faden
und weißen Faden*

*Ein Stück
Chamois- oder
Veloursleder*

Eine Stopfnadel

*Eine
Holzschachtel*

Du hast gerade dei-
nen Traumprinzen
gesehen und darfst
jetzt keine Zeit ver-
lieren!

Binde die zwei Zimt-
stangen mit dem
violetten Faden
zusammen und
wickle sie dann fest
in das Stück Leder
ein. Nähe die Seiten

mit dem weißen
Faden zusammen
und sprich diese
Worte:

»Fest, fest umwickle
meinen Liebsten,
schnell, schnell,
er ist der Richtige.«

Lege den Leder-
beutel in eine Holz-
schachtel und be-
wahre diese an einem
geheimen Ort auf.

Wo bist du, Geliebter?

Für diesen Hexenspruch benötigst du die folgenden Zutaten:

★

Ein Räucherstäbchen mit Pfefferminzduft

Ein Stück Süßholz

Eine Schale Wasser

Für jede Seele gibt es einen Partner, der ihre Sehnsucht nach Liebe und Hingabe erwidert. Um dir zu helfen, in die richtige Richtung zu steuern, solltest du diesen Zauberspruch in einer Neumondnacht anwenden.

Lege alle Zaubergegenstände auf einen Tisch und zünde das Räucherstäbchen an. Atme ein paar Momente lang ruhig durch, lege dann das Süßholz in die Schale, betrachte die Spiegelungen des Wassers und sprich die folgenden Worte:

»Wasser, Wasser,
meinen Blick sollst
du klären.
In dieser Welt lebt
meine andere Hälfte.
Zeige mir, o Eros,
auf welchem Pfad
ich ihn endlich
finden werde.«

Stelle die Schale
in die Nähe deines
Betts, und deine
Träume werden
dir ein wichtiges
Zeichen schicken.

Verzweifelt und partnerlos

Für diesen Hexenspruch benötigst du die folgenden Zutaten:

Ein weißes Tuch

Eine rosafarbene Kerze

Einen Stift und rosafarbenes Papier

Sitz nicht einfach nur wartend neben dem Telefon! Wende lieber ein bisschen Magie an. Reinige dein Telefon, indem du den Hörer mit einem feuchten weißen Tuch abwischst. Zünde eine rosafarbene Kerze an und denke in Ruhe an deinen zukünftigen Geliebten. Schreibe seinen Namen acht Mal auf ein Stück rosa Papier und halte es in der Hand, während du die folgenden Worte sprichst:

»Göttin Salina,
erhör meine Bitte,
schicke die Worte
meines Geliebten
zu mir.«

Knülle das Papier
zu einer Kugel zu-
sammen und lass sie
einen Monat in der
Nähe des Telefons
liegen.

Sieh
mich,
fühl mich

**Für diesen
Hexenspruch
benötigst du
die folgenden
Zutaten:**

Weiße Nelken

Eine Vase

*Ein Foto deines
Partners*

Eine Brille

Möchtest du sicher-
gehen, dass dein
Geliebter nur Augen
für dich hat?
Richte in einer Voll-
mondnacht einen
kleinen Liebesaltar
in deinem Schlaf-
zimmer ein, indem
du eine Vase mit
weißen Nelken so-
wie ein Foto deines
Partners auf einen
Tisch stellst. Halte

eine Brille in der
Hand, denke an
deinen Partner und
sprich die folgenden
Worte:

»O Siraj, sende
einen Lichtstrahl
und enthülle die
Vision der Liebe.«

Setze die Brille auf
und stelle dir vor,
dass ihre Gläser
einen Lichtstrahl
aussenden, der bis
zu deinem Ge-
liebten reicht.

Bezaubernde Hochzeit

Die alten Druiden feierten die Verbindung der Mondgöttin mit dem Sonnengott ebenso wie die Krönung der Maikönigin und des Maikönigs mit magischen Ritualen. Wenn du eine wirklich bezaubernde Hochzeit feiern willst, dann nimm doch einfach ein paar dieser alten Heiratsriten in deine Zeremonie mit auf, damit sie dir Glück und ewige Liebe schenken.

Der beste Ort dafür ist ein schöner Garten oder Park, und der vielversprechendste Zeitpunkt ist bei Neumond oder bei zunehmendem Mond.

Lass deine Freunde und Familie in einem Park oder Garten mit vielen Bäumen zusammenkommen.

Sorge für eine himm-
lisch anmutende
Atmosphäre, indem
du den Ort mit Gir-
landen stark duften-
der Blumen wie
Jasmin, Maiglöck-
chen und Geißblatt
dekorierst. Braut
und Bräutigam soll-
ten in Weiß gekleidet
sein sowie Garben
aus Weizen und
Rosmarin tragen, die
Fruchtbarkeit und
Wohlstand symboli-
sieren. Wenn ihr
euren Eid gesprochen
habt, lege einen
hölzernen Stab auf
den Boden. Wäh-
rend ihr beide dar-
überschreitet, sprichst
du die folgenden
Worte:

»Beim mystischen
Mond und bei der
nährenden Sonne,
unsere Liebe sei
bekundet.
In gesegneter Einheit
haben wir zueinan-
der gefunden.«

Schüchterne

Prinzessin

Für diesen Hexenspruch benötigst du die folgenden Zutaten:

Eine halbe Tasse Sesamöl

Ein paar Korianderblätter

Eine Glasschüssel

Ein Räucherstäbchen mit Moschusduft

Einen Stift und Papier

Wenn du zu schüchtern bist, um den ersten Schritt zu tun, wende diesen Zauberspruch in der ersten Stunde nach Sonnenaufgang an.

Verrühre das Sesamöl in der Glasschüssel mit den Korianderblättern. Zünde das Moschusräucherstäbchen an und denke an deinen

zukünftigen Gelieb-
ten. Dabei sprich
die folgenden Worte:

»Wenn du die
Berührung spürst,
bist du sogleich von
mir verführt,
bald werden wir
zusammen sein.«

Nun zeichnest du
ein Strichmännchen
auf ein Blatt Papier.
Tauche deinen Fin-
ger in die Sesam-
öl-Koriander-Mixtur
und berühre die
Zeichnung, während
du den Zauber-
spruch drei Mal
wiederholst.
    Bewahre die
Zeichnung in deinem
Nachtschränkchen
auf.

Ein perfektes Paar

Für diesen Hexenspruch benötigst du die folgenden Zutaten:

Ein kleines Glas Mineralwasser

Einen Teelöffel Birnenmus

Eine Schale und einen silbernen Teelöffel

Optimiere deine Chancen, den Auserwählten zu betören, indem du diesen Hexenspruch sieben Tage lang, jeweils ein Mal pro Tag, anwendest, bevor du zur Tat schreitest.

Beginne an einem Mittwochabend. Mixe in einer Schale einen Trank aus einem Glas Mineralwasser und einem Teelöffel Birnenmus. Nimm den Teelöffel in deine rechte Hand und rühre damit

»Ariadne, spinne
dein Garn der Liebe
und der Gefühle,
verleihe mir Magie
durch diesen Trank.«

Tauche schließlich
deinen Zeigefinger
in die Schale und
streiche etwas von
der Mixtur auf deine
Lippen. Am siebten
Tag dürften deine
Worte unwidersteh-
lich sein.

langsam und gleich-
mäßig in dem Trank,
während du diese
Worte sprichst:

Casanova

Für diesen Hexenspruch benötigst du die folgenden Zutaten:

Zwei Hundehaare

Ein halbes Glas Weißwein

Eine Holzschüssel und einen Löffel

Eine violette Kerze

Einen Blumentopf

»Mach dir keine Sorgen, Schatz, ich habe nur länger im Büro zu tun.« Nun, nur um sicherzugehen, solltest du diesen Hexenspruch in einer Vollmondnacht anwenden.

Gib zwei Hundehaare und ein halbes Glas Weißwein in eine Holzschüssel. Zünde eine violette Kerze an und atme ein paar Momente lang gleichmäßig ein und aus. Ent-

»Mit dem Hunde-
haar,
durch die Frucht
des Weins,
lässt du das
Wandern sein
und gehörst nur mir
allein.«

Gieße die Mixtur in
einen Blumentopf
und bewahre ihn in
spanne Geist und   der Nähe deiner
Körper, während du   Haustür auf.
diese Worte sprichst:

So wirst
du ihn los

**Für diesen
Hexenspruch
benötigst du
die folgenden
Zutaten:**

*Blaues Papier und
einen Stift*

Einen Kieselstein

*Einen langen
weißen Wollfaden*

*Zwei weiße
Kerzen*

Du hattest die bes-
ten Absichten, aber
es hat einfach nicht
funktioniert. Wie
milderst du seinen
Trennungsschock?

An einem Samstag-
mittag schreibst du
den Namen deines
Partners drei Mal auf
ein blaues Stück
Papier. Wickle es
um einen kleinen
Kieselstein und um-
wickle das Papier
dann mit einem
weißen Wollfaden,
bis es vollständig
bedeckt ist, aber so,
dass noch genug
Faden übrig ist, um
eine Schleife zu

binden. Lege den
so umwickelten
Stein zwischen zwei
brennende weiße
Kerzen und wieder-
hole diesen Spruch:

»O bittersüße Liebe,
ich lasse dich frei
auf den Flügeln
der Taube.«

Wickle den
Wollfaden dann
langsam wieder ab
und stell dir in fröh-
lichen und positiven
Bildern vor, dass
dein Partner
lächelnd und ohne
Bedauern von dir
fortgeht.

Schönheit
&
Glück

Der Zauber der Göttin

Glamour-
zauber

Für diesen Hexenspruch benötigst du die folgenden Zutaten:

★

Geranien- und Lavendelöl

Kerzen

Körperpuder mit Lavendelduft

Strahlende Göttinnen findet man nicht nur in Hollywood. Der Begriff »Glamour« stammt sogar von dem folgenden alten Zauber, der dir helfen wird, die Ausstrahlung eines Filmstars zu bekommen.

Nimm ein Aroma-Bad oder dusche ausgiebig und verwende dabei das Geranien- und Lavendelöl. Stelle dein Badezimmer voller Kerzen. Nimm dir viel Zeit und genieße das warme Wasser. Wenn du dich mit einem flauschigen Handtuch

»Ich bin eine Frau,
eine Göttin der
Schönheit und des
Lebens,
wie Tatiana und Isis
vor mir.
Ich ehre und be-
wundere meinen
Geist, meine Seele
und meinen Körper.«

abgetrocknet hast,
besprenkle deinen
Körper mit Laven-
delpuder und sage
dabei:

Wiederhole diesen
Spruch immer, wenn
du in die Versuchung
kommst, dich auf
Junk food zu stürzen!

Baby-
zauber

Für diesen Hexenspruch benötigst du die folgenden Zutaten:

Eine Körpercreme mit Apfelduft

Eine Perlenkette (verwende kleine Perlen)

Diejenigen, die sich danach sehnen, das Trappeln kleiner Füße zu hören, sollten daran denken, dass Fruchtbarkeitszauber sich nach dem weiblichen Mondmonat richten. Rechne dir daher aus, wann dein nächster Eisprung ist, und wende diesen »Mondgöttin-Spruch« zu dieser Zeit an.

Dusche ganz romantisch (am besten mit deinem Partner) und massiere dann die Apfelduft-Körpercreme sanft in deine Haut ein. Massiere dich besonders sorgfältig in der Bauchgegend. Stelle dir vor, dass deine Hände und die deines Partners ein

warmes goldenes
Licht ausstrahlen,
das die gesamte
Bauchgegend mit
Leben und Wärme
erfüllt. Stelle dir vor,
dass du schwanger
bist, während du
sanft die Perlen um
deinen Hals legst
und diese magischen
Worte sprichst:

»Kostbare Juwelen
des Mondes,
ich opfere diesen
Schmuck in Ver-
ehrung eurer Kraft.
Lasst fruchtbares
Licht durch mich
scheinen.
O seid gesegnet.«

Geheime

Oase

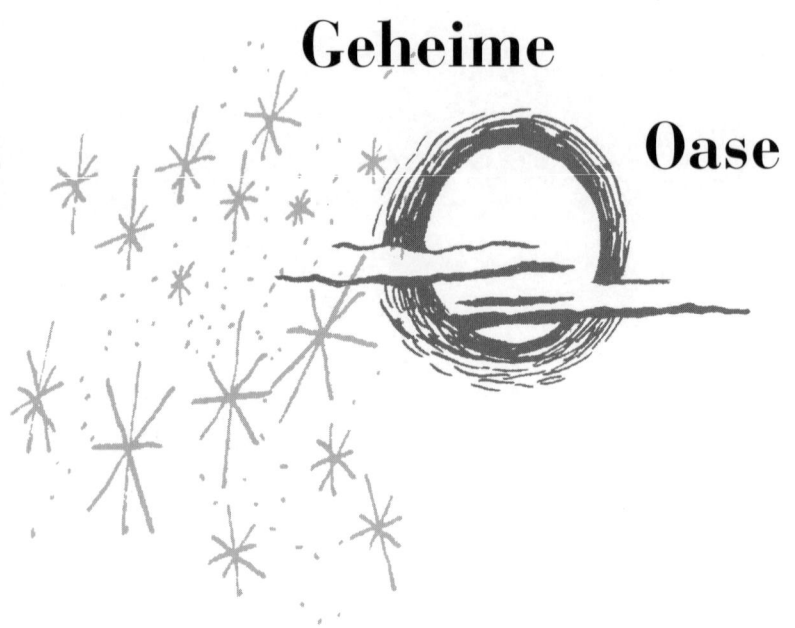

Um besser mit all dem täglichen Druck fertig zu werden, solltest du dir etwas Zeit nehmen, um dieses beruhigende Ritual durchzuführen. Setze dich hin und schließe für ein paar Minuten deine Augen. Atme dabei tief durch und entspanne Geist und Körper. Stelle dir vor deinem geistigen Auge vor, dass du dich in einem üppigen grünen Wald voller Vögel und Sonnenschein befindest.

Eine schöne Frau kommt auf dich zu, und während sie sanft deine Hand nimmt, sagt sie:

»Willkommen in
unserer Oase. Hier
kannst du sagen,
was du denkst, und
ganz du selbst sein.
Öffne dein Herz
und lass die Liebe
von Mutter Erde
dich mit Glück und
Freude erfüllen.«

Wenn du dich er-
frischt fühlst, öffne
die Augen und
sprich die folgenden
Worte:

»Ich bin mit dem
ewigen Geist des
Lichts verbunden.«

Verloren und wiedergefunden

Für diesen Hexenspruch benötigst du die folgenden Zutaten:

★

Einen großen Bogen Papier oder ein Stück Pappe

Einen Kugelschreiber oder Bleistift

Ein Stück Bernstein

Zeichne in einer Vollmondnacht einen großen Kreis auf einen Bogen Papier oder auf ein Stück Pappe und lege dieses in der Nähe des Ortes auf den Boden, an dem du den verlorenen Gegenstand zuletzt gesehen hast. Halte ein Stück Bernstein in der Hand und stelle dich in die Mitte deines Kreises. Entspanne Geist und

Körper, während
du dich langsam
im Uhrzeigersinn
drehst und diese
Worte sprichst:

»Bernsteingeist der
Verlorenen und
Wiedergefundenen,
zeige mir den Weg.«

Während du dich
drehst, stellst du
vielleicht fest, dass
der Bernstein an
verschiedenen
Punkten wärmer
wird. Dies sind
Hinweise darauf,
wo du den verlore-
nen Gegenstand
finden könntest.

Flieg mich zum Mond

Nähe deines Betts. Setze dich bequem hin und atme ein paar Momente ruhig und tief durch. Nimm das Glöckchen und klingle drei Mal damit, während du diese Worte sprichst:

Für diesen Hexenspruch benötigst du die folgenden Zutaten:

Eine Feder

Ein kleines Glöckchen

Träume vom Fliegen können dich mit dem universellen Geist verbinden und deine kreative und intuitive Energie tatsächlich steigern. Lege, bevor du nachts schlafen gehst, eine Feder und ein kleines Glöckchen in die

»Während ich klingle,
singt mein Herz,
und in meinen
Träumen werde ich
fliegen.«

Lege die Feder jede
Nacht unter dein
Kissen.

Home
sweet
home

Für diesen Hexenspruch benötigst du die folgenden Zutaten:

Ein Katzenauge (Halbedelstein)

Ein Stück Rosenquarz

Etwas Quellwasser

Ein sauberes weißes Tuch

Ein Glasgefäß

Um das Haus mit guten Schwingungen zu erfüllen, kaufe dir ein kleines Katzenauge und einen Rosenquarz in einem Mineraliengeschäft. Wasche das Katzenauge und den Quarz in einer Neumondnacht in Quellwasser und gehe, nachdem du sie mit einem sauberen weißen Tuch abgetrocknet hast, mit beiden Steinen durch dein Heim und sprich die folgenden Worte:

»Magica, Mistico,
zieht euren Kraftkreis
um mein Heim und
meinen Herd,
um sie zu beschützen.«

Lege das Katzen-
auge dann in ein
Glasgefäß, das du
irgendwo in deinem
Heim aufstellst, und
bewahre den Quarz
in deiner Tasche auf.

Ärger
mit der
Familie

Um eine freundliche Beziehung zu schwierigen Familienmitgliedern aufzubauen, stehe an einem sonnigen Sonntagmorgen früh auf, gehe nach draußen und setze dich mit gekreuzten Beinen neben einen Baum. Bleibe zirka 20 Minuten in dieser Haltung. Während du auf dem Boden sitzt, strecke deinen Rücken und die Wirbelsäule und zentriere dich. Spüre, wie sich das Gewicht deines Körpers mit der Erde verbindet, fast so, als hättest du Wurzeln. Spüre gleichzeitig, wie der oberste Teil deines Kopfes leicht wird und sich in Richtung Himmel hebt. Strecke nun deine Arme in die Höhe und sprich die folgenden Worte:

»Oh Delia,
Erntegöttin,
verleihe mir die
Stärke, meiner
Familie näher
zu kommen.
Lass sie meinen
wahren Wesenskern
erkennen.«

Wenn du dich genü-
gend gestärkt fühlst,
steh auf und nimm
einen Zweig von
dem Baum mit.
Bewahre ihn in der
Nähe deiner
Haustür auf.

Hunde-

Patrouille

Ist dein Vierbeiner ein Streuner? Falls ja, kannst du eine beschützende Energie anziehen, indem du einen besonderen Talisman für ihn anfertigst. Die Farbe Braun ist gut für Tiere, da sie beruhigend auf ihre Aura wirkt. Kaufe deinem Hund daher ein braunes Halsband, vorzugsweise aus Leder. Während du es um seinen Hals legst, sprichst du die folgenden Worte:

Bevor du die Hundemarke am Halsband anbringst, hältst du sie in der Hand und stellst dir vor, dass ein warmer, freundlicher Schimmer den Hund umgibt. Sprich dabei die folgenden Worte:

»Mögest du nie weit von zu Hause weglaufen,
während du diesen Talisman trägst.«

»Santo Francesco, beschütze dieses Tier vor Schaden.«

Mediale

Power

Sogar Wissen-
schaftler akzeptieren
mittlerweile die
Tatsache, dass wir
alle von Energie-
wellen umgeben
sind. Und da auch
unser Körper und
Geist aus Energie
bestehen, darf man
davon ausgehen,
dass wir alle – mit
genügend Übung –
unsere intuitiven
und übernatürlichen
Fähigkeiten stärker
entwickeln können.
Man benötigt nur
ein paar Minuten
täglich, um diesen
Spruch zu üben, aber
er funktioniert wie
ein Zaubermittel.

Mach es dir bequem
und entspanne Geist
und Körper völlig,
indem du deinem
Atem und deinem
Herzschlag lauschst.
Berühre dann mit
den Fingerspitzen
sanft die Mitte dei-
ner Stirn zwischen
den Augen und stel-
le dir dort eine Öff-
nung vor, aus der
ein Strahl weißen
Lichts ströhmt. Sprich
die folgenden Worte:

»So flink wie Merkur
und so stark wie die
Strahlen der Sonne
sind meine Gedanken.
Mein Blick ist klar,
und ich habe das
zweite Gesicht.«

Frei wie ein Schmetterling

Um wunderschöne Schmetterlinge in deinen Garten zu locken, suche nach einem Bereich, der viel Licht und Luft bekommt. Ein heller Platz neben einem Fenster eignet sich ebenfalls, wenn du keinen Garten hast. Stelle an einem Sonntagmorgen ein paar Blumentöpfe mit süß-duftenden und leuchtend farbigen Blumen zusammen (versuche es mit Nelken, Geranien und Geißblatt) und verteile sie um dich herum in einem Kreis. Setze dich in einer bequemen Haltung in den Kreis hinein und wiederhole diesen Spruch:

»Calantha, Chloe,
ich rufe Aldora an,
die Verehrte.
Fülle die Luft mit
sanften Schwingen.«

Wenn du einen
Garten hast, setze
die Blumen dort in
die Erde. Wenn du
in einer Wohnung
wohnst, stelle die
Blumentöpfe ein-
fach auf deinen
Balkon.

Don't worry,
be happy

**Für diesen
Hexenspruch
benötigst du
die folgenden
Zutaten:**

Schlüsselblumenöl

*Etwas
Quellwasser*

*Eine Prise
Thymian*

*Eine Schüssel und
einen Holzlöffel*

Helle Kleidung

Sorgen können dich daran hindern, dein Leben in vollen Zügen zu genießen. Führe dieses magische Ritual durch und erlange die Heiterkeit zurück, die du verdienst. Gib in einer Neumondnacht sieben Tropfen Schlüsselblumenöl (in Naturkostläden erhältlich), fünf Esslöffel Quellwasser und eine Prise Thymian in eine Schüssel. Rühre mit einem Holzlöffel um und sprich die folgenden Worte:

»Hüter des heiligen Feuers,
erhebt euch und erfüllt mich mit der Stärke des Phönix.«

Dusche dann aus-
giebig und stell dir
vor, dass du alle
negative Energie der
Vergangenheit
abwäschst. Wenn
du dich trockenge-
tupft hast, ziehe
helle Kleidung an
und schütte die
magische Mixtur in
den Abfluss. Dabei
sprich die folgenden
Worte:

»Hinfort fließt all
mein Schmerz,
Sonnenschein
ersetzt ihn
und heilt mein
Herz.«

Neubeginn

Wir haben alle manchmal das Gefühl, in unserem Alltagstrott festgefahren zu sein, aber dieser Hexenspruch wird dir helfen, neu anzufangen.

Du benötigst dafür ein gelbes, ein grünes und ein weißes Band, die jeweils zirka 30 Zentimeter lang sein sollten. Setze dich an einem Neumondabend hin und flechte die Bänder zusammen, während du die folgenden Worte sprichst:

»O schimmerndes
Band,
gold, grün
und weiß,
webe heute Nacht
deinen magischen
Spruch.
Hilf mir, meine inne-
re Seele zu spüren,
mein schönes neues
Leben kann ich nun
führen.«

Verknote die Enden
des geflochtenen
Bandes und halte es
immer in der Hand,
wenn du dich ge-
stresst fühlst.

Ich werde
überleben

Wenn du die Zyklen der Natur beobachtest, wirst du bemerken, dass es eine Zeit für die Stille und den Winterschlaf gibt, gefolgt von einer Phase der Wiedergeburt und Tatkraft.

Dieses fortwährende Muster ist Teil der normalen Höhen und Tiefen des Lebens. Je mehr du auf dein instinktives Gefühl hören kannst, umso besser wirst du verstehen, dass jede Phase in Wirklichkeit eine positive Erfahrung ist.

Um dich kraftvoller und ausgeglichener zu fühlen, dusche ausgiebig und ziehe dir dann ein grünes Hemd oder Kleid an. Lass alle negativen Gedanken los und sieh hinauf zum Himmel, während du die folgenden Worte sprichst:

»Von der
Dunkelheit zum
Licht bewegt sich
die Mondgöttin,
vom Tag zur Nacht
und wieder zurück.
Die Zyklen des
Lebens lassen mich
voranschreiten und
meine wahre Be-
stimmung erreichen.«

Bitte nicht stören

Für diesen Hexenspruch benötigst du die folgenden Zutaten:

Einen kleinen Magneten

Eine Schale

Etwas Mineralwasser

Warum solltest du deine lauten Nachbarn ertragen, wenn du die Ruhe mit einem Wink deines Zauberstabs wiederherstellen kannst? Beginne deinen Zauber, indem du einen kleinen Magneten in eine Schale mit Mineralwasser legst und diese eine Nacht lang in der Nähe eines Fensters stehen lässt. Nimm den Magneten am Morgen aus der Schale und halte ihn fest in deiner Hand, während du energisch zur Haustür gehst und laut diese magischen Worte sprichst:

»Fort mit euch!
Dass die Unruhe verklingt!
Gesegnet sei der himmlische Geist, der Ruhe bringt.«

Bewahre den Mag-
neten in deiner
Tasche auf und wa-
sche die Türklinken
mit dem restlichen
Mineralwasser ab.

Friedensstifter

Für diesen Hexenspruch benötigst du die folgenden Zutaten:

Drei Kieselsteine

Etwas Quellwasser

Ein Stück orange- farbenes Tuch

Körperpuder

Wenn du einen Streit beilegen willst, wende diesen Zauberspruch an einem Neumond- morgen an.

Wasche drei Kiesel- steine in Quellwasser und besprenkle sie mit Körperpuder, nachdem du sie mit einem orangefarbe- nen Tuch getrocknet hast. Sprich dabei diese Worte:

»Der Streit wird kleiner, kleiner, die Worte des Zorns lösen sich auf wie Wolken im Wind.«

Hebe dann einen
Stein nach dem
anderen auf.
Während du sie in
der Hand hältst,
konzentrierst du
dich darauf, deine
Verletzung und
allen Stress loszu-
lassen und sprichst
diese Worte:

»Der Wunsch
verbindet
am Ende,
ein Feind ist nun
ein Freund.«

Beende den Zauber,
indem du die Steine
in einen Teich oder
Fluss wirfst.

Herkules

**Für diesen
Hexenspruch
benötigst du
die folgenden
Zutaten:**

*Ein Glas
Limonade*

Frischen Ingwer

*Ein paar
Pfefferminzblätter*

Gedanken sind kraftvolle Energiestrahlen, die bewirken können, dass sich alles erfüllt, worauf wir uns ernsthaft konzentrieren. Wenn du einen bestimmten Traum hast, hilf diesem Wunsch, durch die Kraft des Herkules in Erfüllung zu gehen.

Gib etwas frisch geriebenen Ingwer und eine Prise Pfefferminze in ein Glas Limonade. Nimm ein paar Schlucke, denke dabei an deinen Wunsch und versuche zu spüren, wie deine Lebenskraft zunimmt. Sprich dann laut die folgenden Worte:

»Herkules,
fülle diesen
Zaubertrank
und gestatte meinen
großartigen
Fähigkeiten,
sich zu entfalten.«

Geld &
Erfolg

Auf der Gewinnerseite

Reich

und

weise

**Für diesen
Hexenspruch
benötigst du
die folgenden
Zutaten:**

★

*Eine silberne
Kerze*

Eine Glasschüssel

*Einen Notizblock
und einen Stift*

*Zwei
Quarzkristalle*

Wacholderöl

Weihrauchöl

Was sind für dich
Wohlstand und
Reichtum? Bedeutet
es, bequem leben
zu können, mit guten
Freunden und der
Familie gemeinsam
Spaß zu haben und
etwas Luxus zu
genießen – oder
träumst du von
großem Reichtum
und Weltruhm?

Was immer auch
deine Ziele sein
mögen, der erste
Schritt bei diesem
Zauber besteht darin,
deine Wünsche zu
definieren und dich
darauf zu konzen-
trieren, indem du
sie als Zielvorgabe
in dein Notizbuch

schreibst. Lies jedes
deiner Ziele sorg-
fältig durch und lege
das Notizbuch dann
zwischen die beiden
Kristalle auf einen
Tisch. Zünde die
Kerze an, und
während du etwas
Wacholder- und
Weihrauchöl in die
Schüssel tropfen
lässt, sprich diese
Worte:

»Artemis, Darius, ruft
den Überfluss zu mir.
Meine Träume
mögen sich erfüllen.
So soll es sein.«

Blase die Kerze
nach zwanzig
Minuten aus und
versprenkle das
gemischte Öl in dei-
nem Heim oder
Büro. Bewahre das
Notizbuch und die
Kristalle in der Nähe
deines Betts auf.

Autozauber

Wenn du einen guten Preis für dein Auto bekommen willst, solltest du einen Tag, bevor du das Auto annoncierst, dieses Reinigungs- ritual durchführen.

Gib einen Teelöffel Zitronensaft in einen Eimer mit Seifenlauge. Gehe im Uhrzeigersinn einmal um das Auto herum und spritze etwas von dem Wasser auf die Kühlerhaube, während du den Markennamen des Autos drei Mal laut aussprichst. Bekräftige dies durch die Worte:

»Ich reinige dich mit diesem Wasser.«

Säubere nun das Auto innen und außen, und wenn du es zum Abschluss polierst, sprich die folgenden Worte:

»Ich poliere dich mit Erfolg.«

Ich bekomme

den Job

**Für diesen
Hexenspruch
benötigst du
die folgenden
Zutaten:**

★

Lavendel

Muskatnuss

*Ein paar
Lorbeerblätter*

*Ein Stück
Baumwolltuch*

*Ein Stück blaues
Band*

Wenn du eine neue
Arbeit suchst, wird
dir dieser Spruch
gute Dienste leisten.
Die beste Zeit dafür
ist entweder um
neun Uhr morgens
oder um neun Uhr
abends.

Sieh die Stellen-
anzeigen in der
Tageszeitung durch
und ziehe einen

Kreis um die An-
zeigen, die dich
interessieren. Lege
die Zeitung auf
einen Tisch und
streue etwas Laven-
del und Muskatnuss
sowie ein paar
Lorbeerblätter dar-
auf, während du die
folgenden Worte
sprichst:

»Bei der Kraft
des Jupiter,
mit dem Glück
von Zeus,
gib mir den Job,
der Erfolg bringt.«

Schütte die Mischung
dann auf ein Stück
Baumwolltuch und
binde die Enden mit
einem blauen Band
zusammen, um
einen kleinen Beutel
daraus zu machen.
Wenn du zu einem
Vorstellungsgespräch
gehst, trage den
magischen Beutel
in deiner Tasche.

Den Tiger beim Schwanz fassen

Für diesen Hexenspruch benötigst du die folgenden Zutaten:

Tigerbalsam (erhältlich in Naturkostläden)

Ingwer

Frischen Koriander

Eine Glasschale

Ein Stück rotes Papier und einen Stift

Ein Stück goldene Schnur

Eine Schachtel

In der asiatischen Kultur schreibt man Tigern mystische Fähigkeiten in Bezug auf ihre Kraft und Stärke zu. Wenn du dich finanziell auf einen Engpass zubewegst, wird dir dieser Zauberspruch dabei helfen, jene Katzenkraft so zu lenken, dass dein Konto sich wieder füllt.

Verrühre an einem Mittwochabend um acht Uhr in einer Glasschale eine kleine Menge Tigerbalsam, etwas geriebenen Ingwer und etwas Koriander. Schreibe den Geldbetrag, den du benötigst, auf ein Stück rotes Papier (mache eine ganz genaue Angabe, sonst schwächst du

die Energie des Zauberspruchs). Streiche dann die magische Mixtur auf das Papier und sprich die folgenden Worte:

»Mit der Ausdauer des Tigers, mit dem Wissen der Alten gehe ich den Pfad, der zum Wohlstand führt.«

Zerknülle das Papier zu einem Ball, binde diesen mit einer goldenen Schnur zusammen und bewahre ihn in einer Schachtel bei deinen finanziellen Unterlagen auf.

Ich bin ein Genie

Für diesen Hexenspruch benötigst du die folgenden Zutaten:

Getrocknete Nelken

Frische Pfefferminzblätter

Eine Glasschüssel

Ob du für eine Prüfung lernst oder deine geistigen Kräfte weiterentwickeln möchtest, dieser Zauberspruch wird dir helfen, die unendliche Weisheit des Universums anzuzapfen.

Dusche dich eine halbe Stunde vor dem Lernen und ziehe dir saubere, bequeme Kleidung an.

Stell dich in die Nähe eines offenen Fensters. Verstreue ein paar Nelken im Uhrzeigersinn um dich herum. Breite deine Arme aus und sprich die folgenden Worte:

»Ich danke dir, o Universum, für diesen Körper und diesen Geist. Während ich die kosmischen Kräfte einatme, konzentriere ich mich mit Zuversicht und Wissen.«

Wenn du drei Mal
tief durchgeatmet
hast, zerreibe ein
paar Pfefferminz-
blätter in deinen
Händen und lasse
die Minze und die
Nelken in einer
Glasschüssel in der
Nähe deines Schreib-
tischs stehen.

Bon
Voyage

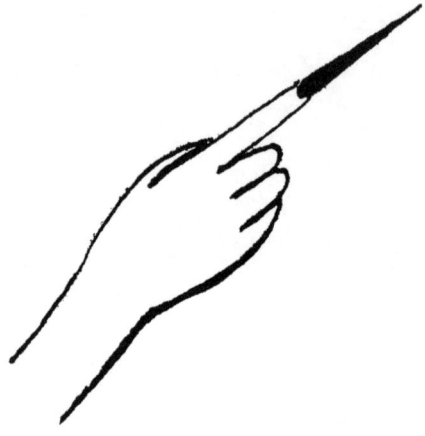

**Für diesen
Hexenspruch
benötigst du
die folgenden
Zutaten:**

Ingwer

Seetang

Wenn du fantasti-
sche Ferien verleben
möchtest, solltest du
diesen Zauberspruch
an einem Sonntag-
morgen anwenden.

Stell dich in die
Nähe eines Ge-
wässers (das kann
ein Fluss, ein See
oder das Meer sein)
und halte eine Ing-
werwurzel und

etwas Seetang in der
Hand. Konzentriere
dich auf die Art der
Reise, die dir ge-
fallen würde, und
blicke dann aufs
Wasser, während du
diese Worte sprichst:

»Bei der Kraft des
Neptun,
bei den Göttern des
Meeres,
schenkt mir eine
gute Reise,
so soll es sein.«

Wirf den Ingwer
und den Seetang ins
Wasser, schließe
dann die Augen und
stell dir vor, dass du
bereits im Urlaub
bist und eine tolle
Zeit verbringst.

Adlerauge
sei wachsam

**Für diesen
Hexenspruch
benötigst du
die folgenden
Zutaten:**

*Löwenzahn-
teeblätter*

Eine Zitrone

*Ein Glasgefäß
mit Deckel*

*Ein Glas
Quellwasser*

Eine blaue Kerze

Ein weißes Tuch

Wenn du juristische Probleme hast oder dir ein Gerichtsverfahren bevorsteht, solltest du diesen Zauberspruch an einem Donnerstag um sieben Uhr morgens oder abends anwenden.

Vermische einen Teelöffel Löwenzahntee mit einem Teelöffel Zitronensaft, gib die Mixtur in ein Glasgefäß mit Deckel und lasse sie eine Zeit lang so stehen. In den Wochen vor dem Gerichtstermin gib in regelmäßigen Abständen einen Tropfen der Flüssigkeit in ein Glas Quellwasser, zünde eine blaue Kerze an und sprich diese Worte:

»Ich wirke diesen Zauber mit Gerechtigkeit und Kraft, damit alles zum Guten und Rechten sich wende.«

Sprenkle etwas von dem magischen Wasser auf ein weißes Tuch und wische ein Mal pro Woche deine Türen und Fensterbretter damit ab, bis dein Fall verhandelt wurde. Für zusätzliche Kraft trage am Tag deines Gerichtstermins etwas Blaues.

Landverkauf

Rufe die Naturgeister an, damit sie dir helfen, dein Stück Land zu verkaufen. Gehe bei zunehmendem Mond bei Tag zu deinem Land und laufe drei Mal um das Zentrum herum. Trage dabei ein frisches oder getrocknetes Kräutersträußchen bei dir. Stell dir vor, dass ein friedliches goldenes Licht über das Land fließt, und sprich diese Worte:

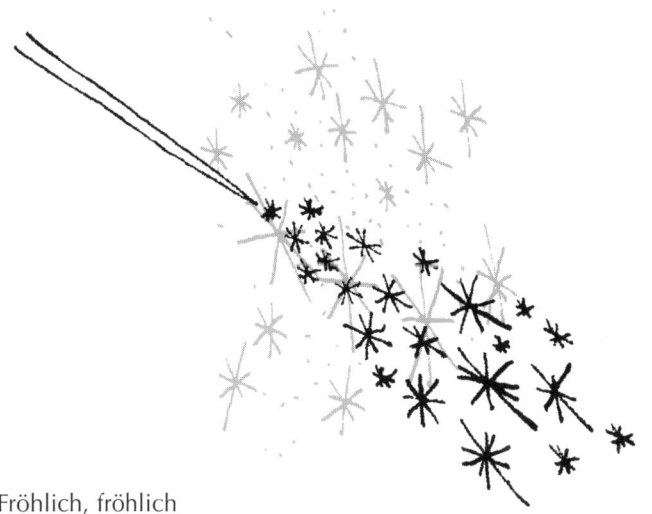

»Fröhlich, fröhlich
trefft euch,
all ihr Vorfahren,
segnet diese Erde,
damit ich sie weiter-
geben kann.«

Schließe den Zauber
ab, indem du etwas
Rosmarin auf dem
Land pflanzt.

Hol dir

dein Geld

zurück

Es kann schon sehr ärgerlich sein, wenn einem jemand Geld schuldet. Um dein Geld zurückzubekommen, solltest du diesen Zauber an einem Montagabend anwenden oder, um eine besonders starke Wirkung zu erzielen, in einer Vollmondnacht.

Ritze mit einer Nagelfeile den Betrag, den man dir schuldet, in eine violette Kerze. Streue dann etwas Salz im Uhr-zeigersinn um die Kerze herum, zünde sie an und lasse sie zirka zwanzig Minuten lang brennen. Setz dich bequem in die Nähe der Kerze und visualisiere vor deinem geistigen Auge die Person, die dir das Geld schuldet. Stell dir vor, dass du direkt zu ihr sprichst, während du diese Worte sprichst:

»Während denen
Geld geschuldet
wird, die warten,
häufen sich
Rechnungen, und
Verwirrung regiert.
Dein Gewissen soll
dich plagen,
wenn ich diese
Bitte wiederhole:
Lasse das zurück-
kehren, was mir
gehört.«

Wiederhole diesen
Spruch ein Mal
wöchentlich, bis die
Kerze ganz her-
untergebrannt ist.
Bewahre das rest-
liche Wachs in
der Nähe deiner
Geldunterlagen auf.

Büro-

Harmonie

Für diesen Hexenspruch benötigst du die folgenden Zutaten:

Eine weiße Feder

Eine weiße Kerze

Zwei violette Kerzen

Vanilleöl

Bist du die ermüdende Büropolitik und schlecht gelaunte Chefs leid? Probiere diesen Zauberspruch aus, um alle Disharmonien zu vertreiben.

Nimm eine weiße Feder und lege sie neben eine weiße und zwei violette Kerzen auf einen Tisch. Denke an alle deine Arbeitskollegen, während du die drei Kerzen anzündest, und sprich diese Worte:

»Leichter als Licht,
weicher als eine Feder
schweben die Probleme fort.«

Sprenkle ein paar Tropfen des Vanilleöls auf die Feder und fächere mit ihr in der Nähe

der Kerzen (nicht zu
nah an der
Flamme), während
du den Spruch drei
Mal wiederholst.
Wenn du die Kerzen
ausbläst, sagst du:

»Und so wird es
kommen.«

Steck die Feder in
deine Tasche oder
deinen Aktenkoffer
und nimm sie mit
zur Arbeit.

Wirf eine Rune

Die modernen Runen wurden alten nordischen und druidischen Symbolen nachempfunden. Man kann sie verwenden, um die Zukunft vorauszusagen oder auch – in Kombination mit einem Zauberspruch – um ein positives Ergebnis herbeizuführen.

Wenn du das nächste Mal deine Runen wirfst, stell deine Frage und wirf die Steine dann so oft aus, bis sie dir eine positive Antwort geben. Konzentriere dich auf dieses positive Ergebnis, zünde eine weiße Kerze an und sprich diese Worte:

»Von Caillan
zu Calder,
bei Atlantis,
siehe das Licht
der Wahrheit.«

Berühre die Steine
mindestens eine
Stunde lang nicht.

Feenglück

Für diesen Hexenspruch benötigst du die folgenden Zutaten:

Stroh

Farne

Efeu

Ein Stück grünen Wollfaden

Getrocknete Wildblumen

Quellwasser

Hagebuttentee

Du kannst die Feen bitten, dir zu helfen, dein Heim und dein Geschäft mit Glück und Wohlstand zu segnen.

Forme einen magischen Kranz, indem du etwas Stroh, Farne und Efeu sammelst und sie alle mit einem grünen Wollfaden in Kranzform verflechtest. Füge zur Dekoration noch ein paar getrocknete Wildblumen hinzu und besprühe den Kranz dann mit einem feinen Nebel aus Quellwasser, das du mit etwas Hagebuttentee vermischt hast.

Schreite nun einmal im Uhrzeigersinn durch jeden Raum deines Heims oder Büros und halte dabei den magischen Kranz in der Hand. Abschließend hängst du den Kranz in der Nähe deiner Haustür auf. Sprich dabei die Worte:

»Kommt herein
aus dem Nebel
aus silbrigem Tau,
kommt, sammelt,
tanzet und spielt,
all ihr Kobolde,
Elfen und Feen gar.
Das Lachen wie
klingelnde Glöckchen
so klar.«

Money, money, money

Für diesen Hexenspruch benötigst du die folgenden Zutaten:

Ein Stück Pyrit (Edelstein, auch »Katzengold« genannt)

Eine grüne Kerze

Drei Münzen

Ein Stück grünes Tuch

Um Geld herbeizulocken, solltest du diesen Zauberspruch in einer Vollmondnacht oder in einer Nacht bei zunehmendem Mond anwenden.

Kaufe ein kleines Stück Pyrit in einem Mineralienladen. Zünde eine grüne Kerze an und lege den Pyrit zusammen mit drei Münzen auf einen Tisch. Nimm die Münzen in deine Hand und stell dir vor, dass eine warme, wohltuende Energie dich umgibt, wenn du die folgenden Worte sprichst:

»Möge alles, was ich gebe,
und alles, was ich empfange,
dreifach zur Welt zurückkehren
und dreifach zu mir.«

Wirf die drei
Münzen dann auf
den Tisch und kon-
zentriere deine
Gedanken auf den
Geldbetrag, den
du dir wünschst.
Wickle den Pyrit
und die Münzen
abschließend in ein
grünes Tuch. Blase
die Kerze aus und
sage:

»Und so soll es
sein.«

Der magische Kreis der Kreativität

Um deine kreativen Kräfte strömen zu lassen, errichte einen magischen Kreis um dich herum. Stell dich an einen ruhigen Ort in deinem Heim, strecke die Arme in die Luft, wende dich nach Norden und sage:

»Geist des Nordens, schenke mir Weisheit und Toleranz.«

Wende dich dann nach Süden und sage:

»Südlicher Himmel, reinige meine Gedanken.«

Während du dich
nach Osten wen-
dest, sagst du:

»Östliche Morgen-
dämmerung,
schenke mir neue
Ideen.«

Beende das Ganze,
indem du dich nach
Westen wendest
und sagst:

»Westliche Wasser,
schenkt mir Einfüh-
lungsvermögen und
Emotionen.«

Sternschnuppen-wünsche

Für diesen Hexenspruch benötigst du die folgenden Zutaten:

Helle Kleidung

Drei Räucher-stäbchen mit Sandelholzduft

Einen Stift und weißes Papier

Warum solltest du auf eine Sternschnuppe warten, um dir etwas Besonderes zu wünschen? Du kannst dir deinen eigenen Glücksstern erschaffen, der dir dabei hilft, deine Hoffnungen und Träume zu verwirklichen.

Ziehe an einem Donnerstagabend saubere, helle Kleidung an und zünde drei Sandelholz-Räucherstäbchen an. Zeichne einen fünfzackigen Stern auf ein weißes Blatt Papier und hänge es an die Innenseite deiner Haustür. Stell dich ins Zentrum deines Zuhauses, während du dir vorstellst, dass alle deine Sorgen von dir weg-

strömen wie ein Fluss und dass an seiner Stelle Glück und Gesundheit zu dir fließen. Lege deine rechte Hand dann auf den Glücksstern und sprich diese Worte:

»Stella Anise, heiliger Zauberstern, leuchte kraft der Vision von Heiter- keit und Glück, an der wir alle teil- haben mögen.«

Der

Froschprinz

Wenn ein Ex-Mann oder -Partner sich ganz und gar wie eine Kröte verhält, solltest du diesen Hexenspruch ausprobieren, um ihn wieder in einen schönen Prinzen zu verwandeln.

Besorge dir ein mittelgroßes quadratisches Stück Kattun oder Musselin und nähe die Seiten mit einem grünen Baumwollfaden zu einem Beutel zusammen. Lasse jedoch eine Seite offen. Fülle ein paar Teelöffel Sand in den Beutel und versuche, allen Stress und allen Groll loszulassen.

Streue dann ein paar violette Blüten und eine Handvoll Hühnerfedern in den Beutel (die Füllung aus einem alten Federkissen ist hierfür wunderbar geeignet). Binde den Beutel mit einem grünen Band zu und schreibe den Namen des Frosch-

königs auf das Säck-
chen. Lege es dann
auf einen kleinen
Spiegel und sage:

»O sei gesegnet,
wenn du eine Kröte
bist,
erkenne im Spiegel
dein wahres Gesicht.
So sei es, und so lass
es sein.«

Tupfe schließlich
etwas Vanilleöl auf
den Beutel, wickle
ihn in weißes Papier
und wirf ihn in den
Abfalleimer.

Böse
Hexen-
sprüche

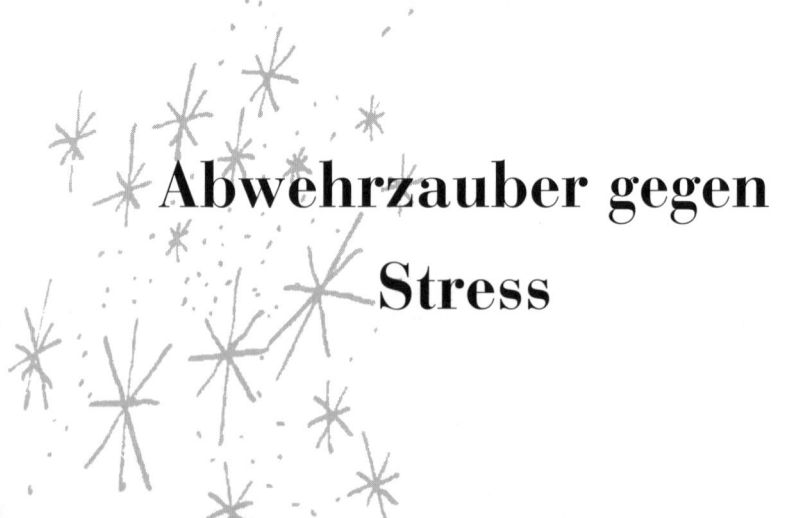

Abwehrzauber gegen
Stress

Die
kriegerische
Göttin

Tanke Kraft aus der allumfassenden Energie der »Dreifachen Göttin«, indem du diesen Zauberspruch bei Neumond oder bei zunehmendem Mond anwendest. Nimm ein entspannendes Bad oder dusche ausgiebig und salbe deinen Körper mit deinen Lieblings-Blumen-duftölen und -Parfüms.

Gehe nackt in dein Schlafzimmer und zünde dort ein Räucherstäbchen mit Geranien- oder Rosenduft sowie eine mauvefarbene Kerze an. Setz dich bequem hin, atme den Duft des Räucherstäbchens ein und richte deine Aufmerksamkeit auf

die verschiedenen
Aspekte deines
Selbst, die dazu bei-
tragen, dein Leben
in der Balance zu
halten. Abschließend
sprich laut die
folgenden Worte:

»Ich bin die kriege-
rische Königin,
ich bin voller Stärke
und verteidige
meine Rechte.
Ich bin das junge
Mädchen, sanft
und umsorgend.
Ich bin die mysti-
sche Göttin, weise,
weiblich und frei.
Ich bin alle Aspekte
der Frau,
alle in vollkomme-
ner Harmonie.«

Balsam für Verkehrs- gestresste

Für diesen Hexenspruch benötigst du die folgenden Zutaten:

Zwei Teelöffel Vaseline

Zwei Tropfen ätherisches Basilikumöl

Drei Tropfen ätherisches Sandelholzöl

Zwei Tropfen ätherisches Bergamottenöl

Einen Teelöffel fein gehackte Nelkenblüten

Du sitzt seit Stunden im Auto. Du bist für die Arbeit sowieso schon zu spät dran, und dann erdreistet sich auch noch jemand, dich wegen eines Parkplatzes anzuschreien.

Mach dir keinen Stress, sondern betupfe dich einfach mit etwas Verkehrsstressbalsam.

Die beste Zeit, um eine Portion Verkehrsstressbalsam zusammenzurühren, ist an einem Freitag, vorzugsweise bei Voll- oder Neumond. Vermische die Zutaten gut in einer Glasschüssel und lade die Rezeptur dabei mit schützender Magie auf, indem du sagst:

»Bei der Sonne und beim Mond, ich lade dich auf mit ruhiger Energie. Wirke beschützend und vertreibe Negativität. Verbreite wohltuende Ruhe, wenn du eingerieben wirst. So soll es geschehen, o sei gesegnet.«

Fülle die Mixtur
dann mit einem
Löffel in ein kleines,
sauberes Glas und
schraube es fest zu.
Bewahre das Glas in
deinem Auto oder
deinem Portemon-
naie auf und tupfe
dir bei Bedarf im-
mer etwas von der
Mischung hinter die
Ohren.

Heiliger

Rauch

Wenn du Probleme damit hast, mit dem Rauchen aufzuhören, solltest du diesen Zauberspruch an einem Montag, dem Tag des Mondes, anwenden. Besorge einen Luftballon und einen Pfefferminzstängel. Blase den Luftballon noch nicht auf, sondern lege beides vor dir auf eine flache Unterlage oder einen Tisch. Meditiere einige Minuten lang und löse dabei alle Anspannung aus deinem Körper und deinem Geist. Nimm die Minze dann in deine Hand und atme ihr Aroma ein. Atme tief und gleichmäßtig, wenn du die folgenden Worte sprichst:

»Lasse mit diesem reinigenden Atem alles Unreine von mir weichen.«

Blase den Luftballon nun ganz auf und mache einen Knoten in das Ende. Öffne dann ein Fenster oder gehe nach draußen, wirf den Ballon in die Luft und sage dabei:

»So wird es sein.«

Du solltest immer
einen frischen Min-
zestängel bei dir
haben. Immer wenn
du merkst, dass du
das Verlangen nach
einer Zigarette ver-
spürst, atmest du
sein Aroma ein und
wiederholst den
Zauberspruch.

Verhängnisvolle Affäre

Wenn eine Femme fatale versucht, dir deinen Geliebten auszuspannen oder wenn dein Ex-Partner dich belästigt, kannst du ihnen die Sache verleiden, indem du diesen alten Zauberspruch anwendest.

Samstag ist einer der besten Tage für einen Zauberbann oder Schutzspruch, daher solltest du dir an dem Tag etwas Zeit nehmen. Nimm eine Zitrone und einen Teelöffel Meersalz und lege beides auf einen Tisch. Schreibe den Namen der Person neun Mal verkehrtherum auf ein Stück Papier, und zwar so, dass alle Buchstaben in einer langen Zeile aneinanderhängen. Lege das Papier nun in eine Glasschüssel, streue das Salz darauf und drücke dann den Saft der Zitrone darüber aus, während du gleichzeitig die folgenden Worte sprichst:

»Bitter und herb,
sofort sei's dir ver-
sperrt,
mache dich fort,
baue dein Nest an
einem anderen Ort.
Beim Ruf der Krähe
in der Rabennacht,
geh, wandle im
Licht und
lass uns außer Acht!
So ist es recht,
so wird es gemacht.«

Lasse das Papier
über Nacht in der
magischen Mixtur
einweichen. Grabe
dann in der Nähe
deines Heims ein
Loch in die Erde,
schütte alles hinein
und bedecke das
Ganze mit Erde.

Hexenbesen

Wir kennen alle das Bild der fliegenden Hexe auf ihrem Besen, die in der Regel einen spitzen Hut trägt. Dieses Bild ist zu einem comicartigen Stereotyp geworden, aber der Besen ist in der Magie tatsächlich ein wichtiges Hilfsmittel. Er säubert nicht nur die Böden der Tempel vieler Vorort-Göttinnen, sondern kehrt auch negative Schwingungen hinaus und hilft zusammen mit dem richtigen Zauberspruch, einen magischen Zauberkreis zu ziehen.

Um mit dem Zauber zu beginnen, nimmst du einen einfachen Strohbesen mit einem Holzstiel, bindest ein goldenes und ein grünes Band darum und sprichst dabei die folgenden Worte:

»Mein Heim ist
mein Tempel,
und dieser Besen ist
mein Talisman.«

Gehe dann mit dem
Besen in der Hand
durch alle Räume
deines Heims. Stell
dir vor, dass du alle
unerwünschte
Energie wegfegst
und damit den Weg
für neue positive
Energie freimachst.
Schließe den
Zauberspruch ab,
indem du dich in
deinem Wohnzim-
mer im Uhrzeiger-
sinn einmal um dich
selber drehst, dabei
mit dem Besen den
Boden kehrst und
sagst:

»Hier ziehe ich nun
den Kreis der
mystischen Göttin.
Fege das gute
Schicksal und das
Glück in unsere
Bahn.
O sei gesegnet.«

Kampf dem Tratsch

Diesen Hexenspruch solltest du an einem Sonntagmorgen oder -abend anwenden, um die Macht von Klatsch und Lügen abzuschwächen.

Nimm einen Laib Weißbrot, ein Stück Papier, einen Bleistift und etwas Chilipulver. Schreibe alle Lügen und Gerüchte, die du gehört hast, auf das Papier, schneide dann ein Loch in das Weißbrot und stopfe das Papier hinein. Streue ein bisschen Chilipulver darauf und sprich dabei diese magischen Worte:

»Sauber und rein sollen die Worte sein, die nichts sind als Klatsch und Lügen. Trocken und zäh wird dieser Laib Brot, weit fliegt damit die Verleumdung fort.«

Wickle das Brot
dann in eine
Zeitung und wirf
alles in den
Mülleimer.

Nachmacherinnen

Findest du es auch so furchtbar, wenn jemand dir alles nachmacht? Vielleicht zieht sich diese Person so an wie du, kopiert deine Frisur oder klaut sogar deine Ideen in der Arbeit. Um deinen persönlichen Stil und deine Ideen zu schützen, schreibst du den Namen der Person auf ein Stück Papier oder hältst ein Foto der Nachmacherin in der Hand, während du ein paar Minuten lang meditierst. Stell dir dabei vor, dass ein Lichtkreis euch beide wie ein Hula-Hoop-Reifen umgibt. Visualisiere die Macht deiner Worte als elektrische Kraft, die eine karmische Energie um den Lichtkreis schickt. Wiederhole dann diesen Spruch:

»Wenn in Kunst sich
zu üben vergebens
ist,
wenn Erfindungs-
gabe wieder verloren
geht,
wenn Originalität
man erneut dir
abspenstig macht
und man die Vision
dir gestohlen hat,
so sei die Imitation
nun ans Licht
gebracht.«

Das kleine Zauber-Set

Bei den meisten magischen Ritualen werden Hilfsmittel wie Kerzen, duftende Räucherstäbchen, Kräuter und Gewürze verwendet. Jedes Kraut, jede Farbe und jeder Duft hat seine eigene spezielle Schwingung, die die individuelle Kraft deines Zauberspruchs verstärkt.

Kerzenmagie

Rot – leidenschaftliche Liebe, Vitalität und Stärke
Orange – Gesundheit, Kreativität und Energie
Grün – Glück, Wohlstand und Heilung
Gelb – Konzentration, Aufmerksamkeit und Frohsinn
Blau – Erfolg, Frieden und Ruhe
Violett – Spiritualität, übersinnliche Fähigkeiten und Mystik
Rosa – Freundschaft, Liebe und Weiblichkeit
Weiß – Wahrheit, Reinheit und Meditation
Braun – Tiermagie, Erde und Umwelt
Gold – die Sonne, Reichtum und Herrschaftlichkeit
Silber – der Mond, Wohlstand und Verzauberung

Kräuter und Räucherstäbchen

Basilikum – Reichtum, Liebe und Erfolg
Zimt – Glück, Leidenschaft und Wohlstand
Nelken – Gedächtnis, Erkenntnis und Anziehung
Eukalyptus – Heilung, Reinigung und Erbauung
Weihrauch – hohe Magie und Reinigung
Gardenie – Erregung, Leidenschaft, Lust
Knoblauch – Bann und Schutz
Jasmin – spirituelle Liebe und Glück
Wacholder – Sicherheit, Zuneigung und Freundschaft
Lavendel – Anziehungskraft, Sexualität und Weiblichkeit
Minze – Reinigung, Erbauung, Klarsicht
Muskatnuss – Geld, Anziehungskraft, Hellsichtigkeit
Rose – Liebe, Leidenschaft und Ambrosia
Rosmarin – Heilung, Glück und hohe Magie
Sandelholz – Meditation, Ruhe, mentale Fähigkeiten
Salbei – Reinigung, Wohlstand und Gesundheit
Thymian – Reinigung, Erneuerung, Glück
Vanille – Reinheit, weibliche Anziehung, Zuneigung

Mondkraft

Vollmond – für Zaubersprüche der Liebe und hohen Magie
Neumond – für den Beginn einer neuen Beziehung oder eines neuen Jobs
Zunehmender Mond – für Wachstum, Wohlstand und Engagement
Abnehmender Mond – um eine Beziehung zu beenden oder um negative Energie zu verbannen

Zaubertage

Sonntag – göttliche Kraft, für Zaubersprüche der Heilung und Ruhe
Montag – Anfänge, Mystik, Arbeit
Dienstag – Mut, Stärke, Leidenschaft
Mittwoch – Kommunikation, Vorhersagen, Lernen
Donnerstag – Rechtliche Angelegenheiten, Glück, Expansion
Freitag – Liebe, Vergnügen, Kunst, Musik
Samstag – Abreise, Abschlüsse, Entschlossenheit